AF389393

Nouueau Liure
de chiffres, qui contient en general
tous les noms et surnoms entre-
lassez par Alphabet

Ouurage vtile et
necessaire aux Peintres, Sculpteurs,
Graueurs et autres, Inuenté et
graué par Charles Mauelot
graueur Ordinaire de S. A. R.
MADEMOISELLE
Dedié A Monseigneur le
Dauphin.

Se vend a paris chez l'autheur
court neuue du Palais au
arme de Mademoiselle
il graue sceaux et cachets
Auec Priuilege du Roy
M.DC LXXX.

A

MONSEIGNEUR
LE DAUPHIN.

MONSEIGNEUR ,

L'inclination que vous avez toujours fait paroître pour les beaux Arts , et la protection dont vous les avez honorez , les ont élevez presque à leur perfec = tion : Aussi se sont ils flatez d'abord , estant si heureusement cultivez , de pou = voir servir a vôtre Gloire , en donnant à la Posterité d'illustres marques de vos Vertus . La Peinture et la Sculpture , ont employé leurs plus belles xe = pressions pour se noble dessein ; mais leur zele les a trompées , elles se sont surpassées , sans approcher de leur fin ; et ces beaux Arts , qui ont autrefois enchery sur la vertu des Héros , et qui ont élevé plusieurs Princes par le génie de l'Ouvrier , au dessus de leur merite , ne peuvent aujourd'huy dans des mains plus sçavantes que celles d'Apelle et de Phidias , dresser vn Monument digne de Vous . Ie ne puis neantmoins , MONSEIGNEUR , leur reprocher l'impuissance où ils sont , puis qu'on ne la peut attribuer qu'à la Sublimité de vos vertus ; je loue plutost leur Zele , j'en suis animé , et je veux seconder leur dessein , en fournissant aux Peintres , aux Sculpteurs , et aux Graveurs , d'ingénieux Caracteres , dont ils formeront avec ornement le Chiffre de vôtre AUGUSTE NOM , qui relevera leurs Ouvrages , et qui achevera d'imprimer dans l'Esprit , ce que l'Ouvrier n'aura pû que foiblement exprimer . Puisse cet AUGUSTE NOM estre gravé sur autant de Monumens , qui est gravé sur de Cœurs . C'est la seule ambition que j'ay , MONSEIGNEUR , en publiant ce petit Ouvrage , que je prens la liberté de vous presenter . I'ose esperer que vous l'honorerez de vôtre Protection , puis qu'il est vniquement consacre à vôtre Gloire , et que ce luy qui le dévoüe à vne fin si sublime , est avec vn tres profond respect ,

MONSEIGNEUR ,

*Vôtre tres-humble , tres-obeïssant ,
et tres-fidelle Serviteur ,*

Charles Mavelot.

Mauelot

4.

Mauclot

Mauelot

Mauelot

Mauelot

Mauelot

Mauelot

Mauelot

Mauclot

Mauelot

14

Mauelot

Mauelot

Mandot

Mauelot

Mauelot

Mauelot

Maunelot

A . 5 . A . J2
A . K . A . L
A . M . A . N
Mauelot

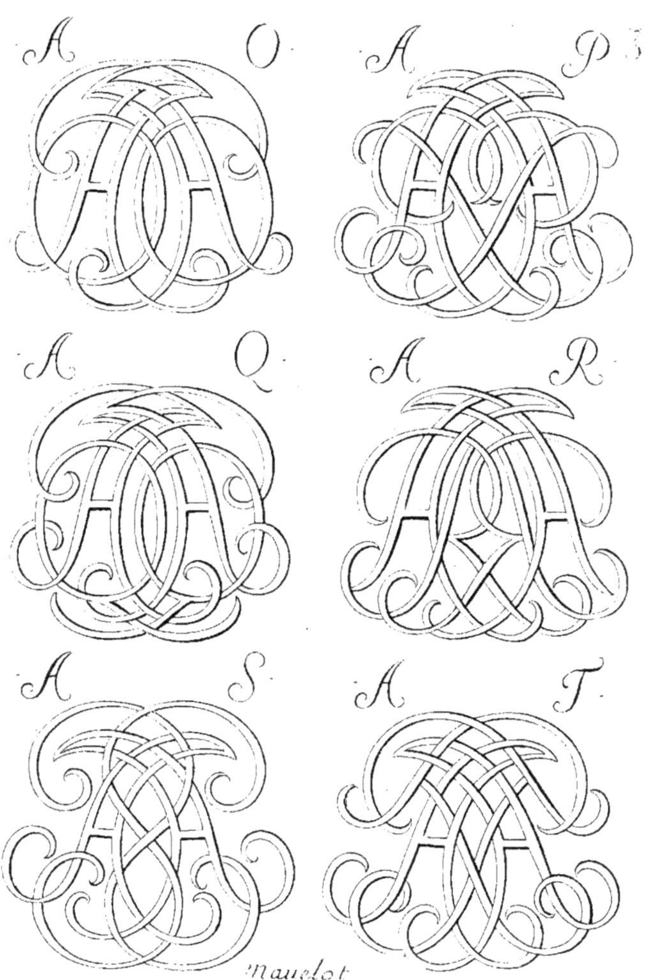

Mauelot

A   P   A   X 4
A   Y   A   Z
B   C   B   D

Mauclot

Maurisset

B L
B N.6
B N
B O
B P
B Q

Mauelot

S. 1
Mauelot

Manelot

C P.
C Q 10
C R.
C S
C T.
C V
Mauelot

Manelot

Manelot

Manelot

E O
E P Pl. 16
E Q
E R
E S
E T

Nantua

F I
I K
F L
F M
F N
F O

Mauclos

F P
F Q 19
F R
F S
F T
F V
Manelot

Mauclot

Mauelot

G R G S
G T G V
G X G Y

Maulbé

25
Mauclot

P.24
Mauclot

Mauelot

R L
R M 25
R N
R O
R P
R Q
Mauel

Mauelot

K
Z
L
M 37
L
N
L
O
L
P
L
Q

Manelet

L R
L S 3
L T
L V
L X
L Y

Mandar

L
Z
M
N
M
O
M
P
M
Q
M
R

Manuelot

Mauclé

Mauelot

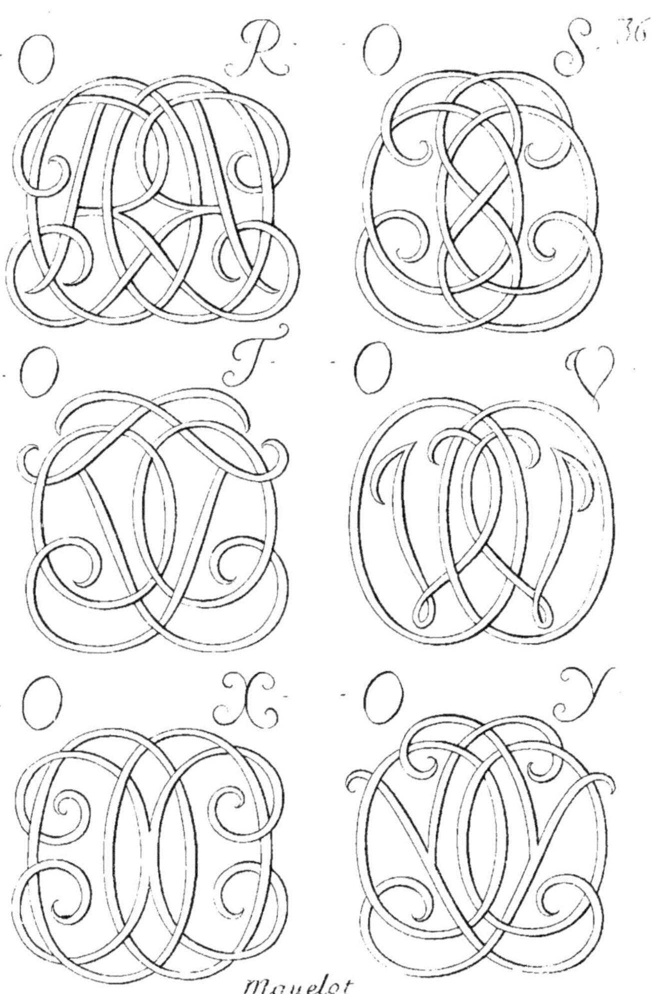
36

Mauelot

Manetot

Mauelot

39
Q V
Q X
Q Y
Q Z
R S
R T
Mauelot

41
Mauelot

Manelat

A . M . N . 
A . O . P. 44
A . Q . R . 
A . S . T . 
A . V . X . 
A . Y . Z .
nauelot

I . L . M .   C . F . V .   41
G . R . S .   B . D . L
G . I . Y .   G . L . M

C · D · L ·

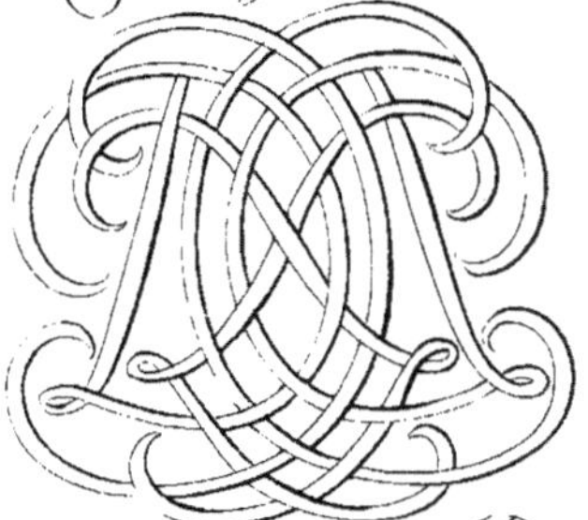

· I · L · T

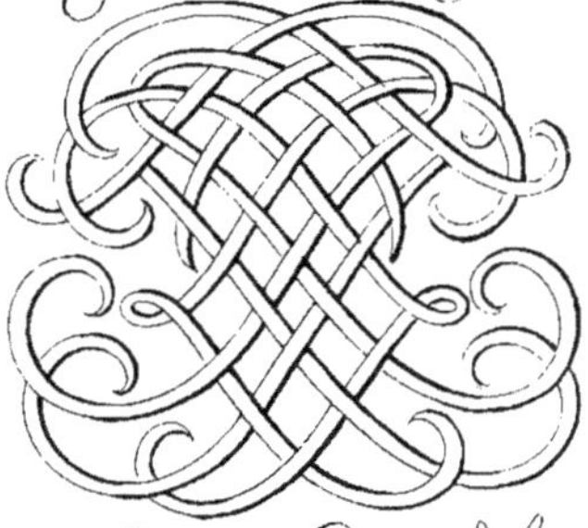

C · H · P ·

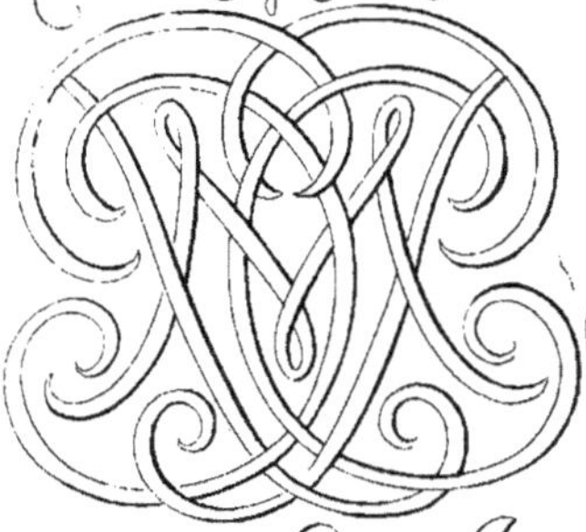

· H · L · M ·

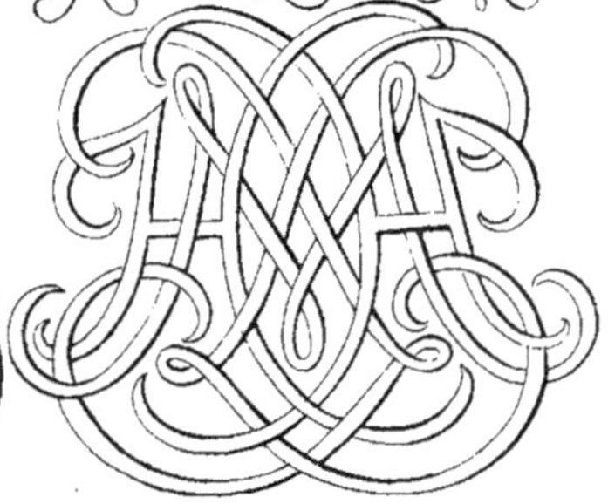

· C · G · I ·

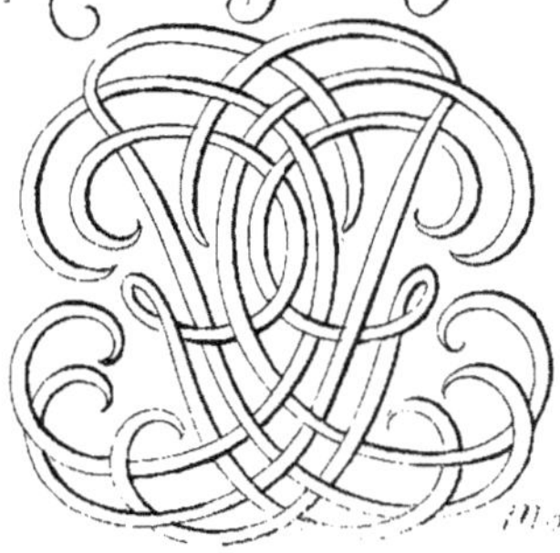

K · R · S ·

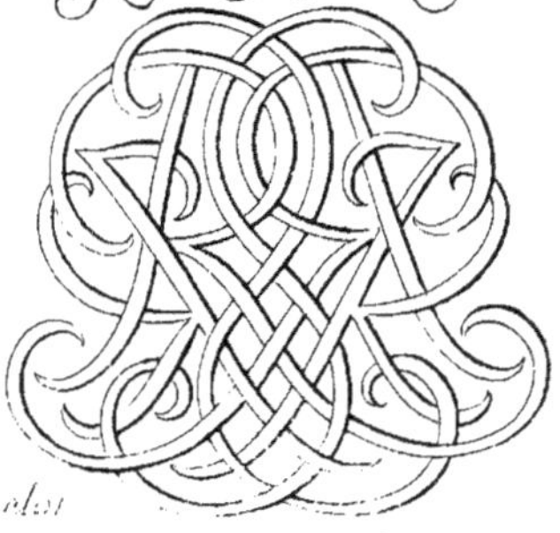

Mav. del.

A · B · C · D 
A · E · F · G 47
A · J · I · K 
A · L · N · M 
A · O · P · Q 
A · R · S · T

Mauclot

A V X Y
G N L R 48
J K O P
C D F L
A J C P
E L M R
Gamelot

C J I M 
F L M S 49
D L M N 
E G J L 
C R L M 
A F R S
Mauclet

A B M T
C F M S 50
A L M N
F L M S
F I L S
G F L P

Maurelot

A. A. B. B. 51
C. C. D. D.
E. E. F. F.
Mauclot

G G J J 12
S S L L
K K M M
Mauclot

N N O O 53
P P Q Q
R R S S
Mauelot

V.54
Mauelot

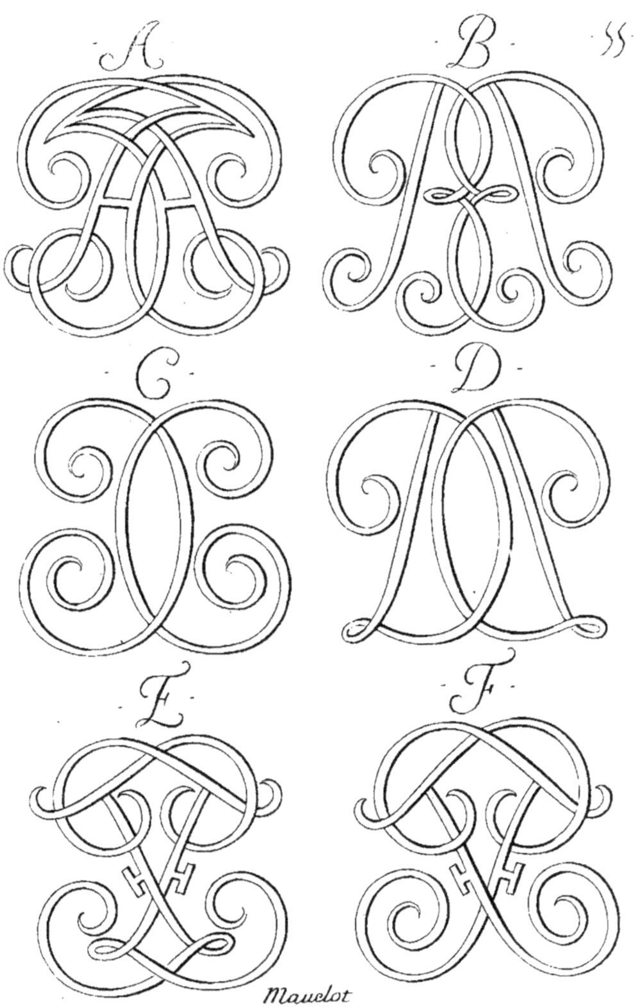

A
B
55
C
D
E
F
Mauclot

J
5   56
I
R
L
M
Manelot

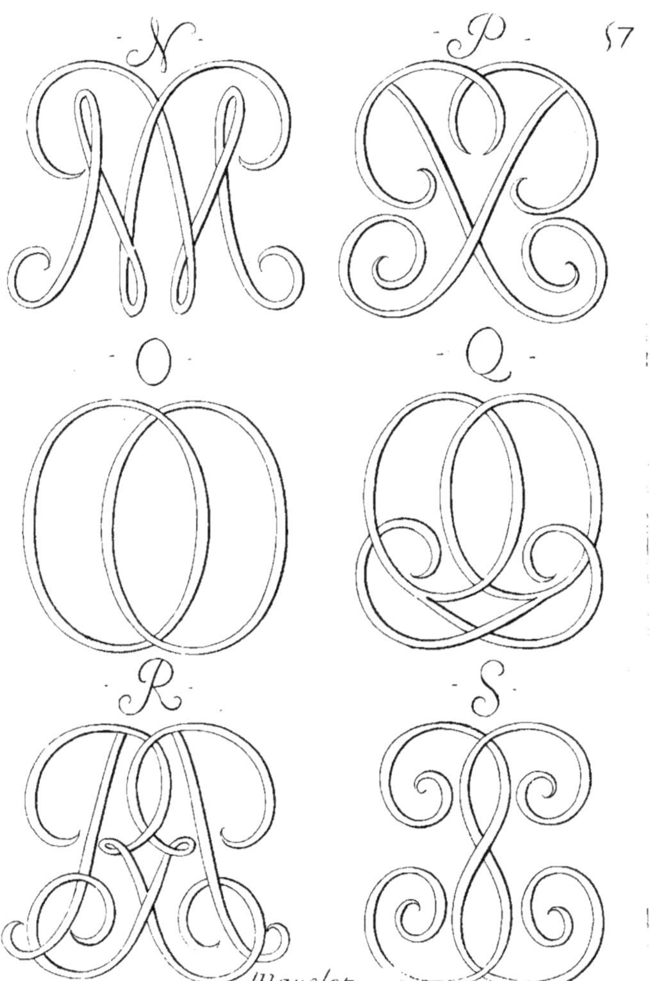
N
P
O
Q
R
S
Mauelot

Mauelot